The Great Adventure: Short Stories in German for Beginners

Artici Bilingual Books

Published by Artici Bilingual Books, 2024.

While every precaution has been taken in the preparation of this book, the publisher assumes no responsibility for errors or omissions, or for damages resulting from the use of the information contained herein.

THE GREAT ADVENTURE: SHORT STORIES IN GERMAN FOR BEGINNERS

First edition. April 12, 2024.

ISBN: 979-8224559145

Written by Artici Bilingual Books.

Table of Contents

Die Geheimnisvolle Schokoladenfabrik

Es war einmal in einer malerischen kleinen Stadt, die im Herzen Deutschlands lag, eine geheimnisvolle Schokoladenfabrik. Ihre hohen Schornsteine bliesen Wolken von süß duftendem Dampf in den Himmel und zogen die Aufmerksamkeit aller auf sich, die vorbeikamen. Die Fabrik gehörte dem rätselhaften Herrn Schokolade, einem Mann von großem Reichtum und noch größerer Verschwiegenheit.

Die Stadtbewohner flüsterten oft Geschichten von Herrn Schokolade und seiner Fabrik. Einige sagten, magische Kreaturen arbeiteten neben den Arbeitern, während andere behaupteten, dass die Schokolade, die in ihren Mauern hergestellt wurde, mystische Kräfte besaß. Aber eines war sicher: Niemand hatte je das Innere der Fabrik gesehen, außer den auserwählten Wenigen, die das Glück hatten, dort beschäftigt zu sein.

Unter diesen wenigen Glücklichen war auch der junge Hans, ein Junge mit Träumen so groß wie die Schokoladentafeln, die Herr Schokolades Fabrik produzierte. Hans war schon immer fasziniert von dem verlockenden Duft, der aus der Fabrik strömte, und er hatte davon geträumt, dort zu arbeiten, seit er ein kleiner Junge war.

Eines sonnigen Morgens erhielt Hans einen Brief in der Post. Es war eine Einladung zu einem Vorstellungsgespräch für eine Stelle in Herrn Schokolades Fabrik. Überglücklich eilte Hans zu den Fabriktoren, sein Herz klopfte vor Aufregung.

Als er die Fabrik betrat, wurde Hans von dem Anblick glänzender Maschinen und fleißiger Arbeiter in weißen Overalls begrüßt. Aber was ihm am meisten ins Auge fiel, war die imposante Gestalt von Herrn Schokolade selbst, der mit einem Funkeln in den Augen mitten im Geschehen stand.

Herr Schokolade begrüßte Hans herzlich und führte ihn auf eine Tour durch die Fabrik. Hans staunte über die Reihen glänzender Rohre und

Behälter, die mit flüssiger Schokolade gefüllt waren. Überall, wo er hinsah, gab es Berge von Kakaobohnen und Flüsse von Karamell.

Aber als sie das Herz der Fabrik erreichten, bemerkte Hans etwas Seltsames. Dort, hinter einem Vorhang aus Dampf, stand eine merkwürdige Apparatur, wie er sie noch nie zuvor gesehen hatte. Es war eine riesige Schokoladenmaschine, deren Zahnräder surrend und Kolben mit einem rhythmischen Summen arbeiteten.

Herr Schokolade sah die Neugier in Hans' Augen und lächelte wissend. "Ah, du hast mein kleines Geheimnis bemerkt", sagte er mit einem Lachen. "Das, mein lieber Junge, ist der Schokoladenisierer 3000. Er ist es, der unsere Schokolade so besonders macht."

Intrigiert lehnte sich Hans näher, um einen besseren Blick zu bekommen. Aber gerade als er das tat, spürte er einen plötzlichen Windstoß an ihm vorbeiziehen, gefolgt von einem lauten Klirren. Als er aufblickte, sah er zu seinem Entsetzen, dass der Schokoladenisierer 3000 stehen geblieben war, seine Zahnräder blockiert und sein schokoladiger Inhalt auf den Fabrikboden floss.

Panik brach aus, als die Arbeiter hektisch versuchten, die Maschine zu reparieren, bevor Herr Schokolade davon erfuhr. Aber trotz aller Bemühungen blieb der Schokoladenisierer 3000 hartnäckig kaputt.

Herr Schokolades Gesicht verdunkelte sich vor Wut, als er das Chaos vor sich betrachtete. "Wer ist dafür verantwortlich?" brüllte er, seine Stimme hallte von den Fabrikwänden wider.

Sich schuldig fühlend wegen seiner Neugierde, trat Hans vor und gestand. "Es war ich, Herr Schokolade", sagte er, seine Stimme zitterte. "Ich bin zu nah herangegangen, und ich muss versehentlich gegen etwas gestoßen sein."

Zu Hans' Überraschung geriet Herr Schokolade nicht in den erwarteten Zorn. Stattdessen legte er beruhigend eine Hand auf seine Schulter und lächelte freundlich. "Mach dir keine Sorgen, mein Junge", sagte er. "Fehler passieren, auch in den besten Fabriken. Wichtig ist, dass wir daraus lernen."

Damit begann Herr Schokolade zusammen mit seinen Arbeitern, mit seiner Einfallsreichtum und Expertise den Schokoladenisierer 3000 zu reparieren. Und nach stundenlanger unermüdlicher Arbeit sprang die Maschine wieder zum Leben, und produzierte Schokolade, die noch köstlicher war als zuvor.

Als Dank für seine Hilfe bot Herr Schokolade Hans eine dauerhafte Anstellung in der Fabrik an, sehr zur Freude des jungen Jungen. Und von diesem Tag an arbeitete Hans unermüdlich neben seinen neu gefundenen Freunden, um Schokolade herzustellen, die Menschen auf der ganzen Welt Freude bereitete.

Und was den geheimnisvollen Schokoladenisierer 3000 betrifft? Nun, das blieb Herrn Schokolades kleines Geheimnis, bekannt nur denen, die es wagten zu träumen.

The Mysterious Chocolate Factory

Once upon a time, in a quaint little town nestled in the heart of Germany, there stood a mysterious chocolate factory. Its tall smokestacks billowed clouds of sweet-smelling vapor into the sky, drawing the attention of everyone who passed by. The factory was owned by the enigmatic Herr Schokolade, a man of great wealth and even greater secrecy.

The townsfolk often whispered tales of Herr Schokolade and his factory. Some said that magical creatures worked alongside the workers, while others claimed that the chocolate produced within its walls possessed mystical powers. But one thing was for certain: no one had ever seen the inside of the factory except for the chosen few who were fortunate enough to be employed there.

Among those fortunate few was young Hans, a boy with dreams as big as the chocolate bars Herr Schokolade's factory churned out. Hans had always been fascinated by the tantalizing aroma that wafted from the factory, and he had dreamed of working there ever since he was a little boy.

One sunny morning, Hans received a letter in the mail. It was an invitation to interview for a position at Herr Schokolade's factory. Excited beyond words, Hans hurried to the factory gates, his heart pounding with anticipation.

As he entered the factory, Hans was greeted by the sight of gleaming machines and bustling workers clad in white overalls. But what caught his eye the most was the towering figure of Herr Schokolade himself, standing at the center of it all with a twinkle in his eye.

Herr Schokolade welcomed Hans warmly and led him on a tour of the factory. Hans marveled at the rows of shiny pipes and vats filled with molten chocolate. Everywhere he looked, there were mountains of cocoa beans and rivers of caramel.

But as they reached the heart of the factory, Hans noticed something peculiar. There, hidden behind a curtain of steam, stood a strange contraption unlike anything he had ever seen before. It was a giant chocolate-making machine, its gears whirring and pistons pumping with a rhythmic hum.

Herr Schokolade saw the curiosity in Hans's eyes and smiled knowingly. "Ah, you've noticed my little secret," he said with a chuckle. "This, my dear boy, is the Chocolateizer 3000. It's what makes our chocolate so special."

Intrigued, Hans leaned in closer to get a better look. But just as he did, he felt a sudden gust of wind rush past him, followed by a loud clang. When he looked up, he saw to his horror that the Chocolateizer 3000 had stopped working, its gears jammed and its chocolatey contents spilling onto the factory floor.

Panic ensued as workers scurried about, trying to fix the machine before Herr Schokolade found out. But despite their best efforts, the Chocolateizer 3000 remained stubbornly broken.

Herr Schokolade's face darkened with anger as he surveyed the chaos before him. "Who is responsible for this?" he bellowed, his voice echoing off the factory walls.

Feeling guilty for his curiosity, Hans stepped forward and confessed. "It was me, Herr Schokolade," he said, his voice trembling. "I leaned in too close, and I must have accidentally bumped into something."

To Hans's surprise, Herr Schokolade did not fly into a rage as he had expected. Instead, he placed a reassuring hand on his shoulder and smiled kindly. "Do not worry, my boy," he said. "Mistakes happen, even in the best of factories. What's important is that we learn from them."

With that, Herr Schokolade set to work alongside his workers, using his ingenuity and expertise to repair the Chocolateizer 3000. And after hours of tireless effort, the machine sprang back to life, churning out chocolate even more delicious than before.

As a token of his gratitude, Herr Schokolade offered Hans a permanent position at the factory, much to the delight of the young boy. And from that day on, Hans worked tirelessly alongside his newfound friends, creating chocolate that brought joy to people all over the world.
And as for the mysterious Chocolateizer 3000? Well, that remained Herr Schokolade's little secret, known only to those who dared to dream.

Das Café an der Unter den Linden

Im Herzen von Berlin, wo die Straßen vor Leben wimmeln und Geschichte aus jeder Ecke flüstert, stand ein uriges Café an der Unter den Linden. Es war ein Ort, an dem die Zeit stillzustehen schien, wo der Duft frisch gebrühten Kaffees mit dem Geruch von Gebäck verschmolz und wo Geschichten sich entfalteten wie die Seiten eines Buches.

Jeden Morgen, noch bevor die Sonne über den Horizont gestiegen war, würden sich die Café-Türen knarrend öffnen und die ersten Kunden des Tages willkommen heißen. Unter ihnen war ein junger Mann namens Klaus, ein Schriftsteller mit einem Herzen voller Träume und einem Geist, der von Geschichten nur so überquoll, die er erzählen wollte.

Klaus würde an seinem gewohnten Tisch am Fenster sitzen, seine Finger würden auf den Tasten seiner Schreibmaschine tippen, während er seinen schwarzen Kaffee nippte. Er war ein Mann von wenigen Worten, der es bevorzugte, seine Schrift für sich sprechen zu lassen. Aber hinter seiner stoischen Fassade verbarg sich eine Welt voller Emotionen, eine Welt, die er mit jedem Tastendruck auf die leeren Seiten vor sich goss.

Als die Morgensonne ihre goldenen Strahlen auf die Kopfsteinpflasterstraßen draußen warf, würde Klaus sich in seinem Schreiben verlieren, ganz in der Welt um ihn herum. Aber zwischen dem Klappern von Geschirr und dem Murmeln von Stimmen war ein Geräusch, das seine Aufmerksamkeit nie versagte: das sanfte Klingeln einer Glocke, wenn die Café-Tür sich öffnete.

Und so geschah es an einem schicksalhaften Morgen, dass Klaus von seiner Schreibmaschine aufblickte und eine Gestalt in der Tür stehen sah, eine Gestalt wie keine, die er je zuvor gesehen hatte. Sie war eine Frau von Anmut und Schönheit, mit Augen, die wie die Sterne über ihr funkelten, und einem Lächeln, das selbst die dunkelste Nacht erhellen könnte.

Intrigiert beobachtete Klaus, wie die Frau sich zu einem leeren Tisch auf der anderen Seite des Raumes begab. Sie trug sich mit einer selbstbewussten Ausstrahlung, jede ihrer Bewegungen graziös und bedacht. Und als sie sich setzte und eine Tasse Tee bestellte, konnte Klaus seinen Blick nicht von ihr abwenden.

Tage lang beobachtete Klaus die Frau aus der Ferne, bewunderte sie aus der Sicherheit seiner eigenen Einsamkeit heraus. Aber so sehr er es auch versuchte, er konnte nie den Mut aufbringen, mit ihr zu sprechen, um die unsichtbare Barriere zu durchbrechen, die sie voneinander trennte.

Dann, an einem regnerischen Nachmittag, als Klaus in Gedanken versunken saß, spürte er eine sanfte Berührung auf seiner Schulter. Erschrocken sah er auf und sah die Frau vor sich stehen, einen kleinen Regenschirm in der Hand und einen Funken in ihren Augen.

"Darf ich mich zu Ihnen setzen?" fragte sie, ihre Stimme sanft und melodiös.

Unfähig, seine Stimme zu finden, nickte Klaus einfach, sein Herz klopfte in seiner Brust. Und als die Frau ihm gegenübersaß, ein Lächeln an den Lippen, spürte Klaus eine Wärme durch ihn hindurchfließen, wie er sie noch nie zuvor gekannt hatte.

Sie sprachen stundenlang, über alles und nichts zugleich. Sie sprachen über ihre Hoffnungen und Träume, ihre Ängste und Bedauern, entblößten einander ihre Seelen, während der Regen draußen niederging. Und mit jedem Moment, der verging, fühlte Klaus sich zu der Frau hingezogen, auf eine Weise, die er nicht erklären konnte.

Als der Abend näher rückte und das Café begann, sich zu leeren, wusste Klaus, dass er seine Gefühle nicht länger verbergen konnte. Mit zitternder Hand griff er über den Tisch und nahm die Hand der Frau in seine eigene, sein Herz pochte vor Aufregung.

Und als sich ihre Blicke im flackernden Kerzenlicht trafen, wusste Klaus, dass er etwas wirklich Besonderes gefunden hatte, etwas, das es wert war, mit aller Macht festzuhalten. Denn in diesem Moment, zwischen dem

Trubel und der Hektik der Stadt draußen, fand Klaus Liebe an einem der unerwartetsten Orte: dem Café an der Unter den Linden.

11

The Café on Unter den Linden

In the heart of Berlin, where the streets bustle with life and history whispers from every corner, there stood a quaint café on Unter den Linden. It was a place where time seemed to slow down, where the aroma of freshly brewed coffee mingled with the scent of pastries, and where stories unfolded like the pages of a book.

Every morning, before the sun had even risen above the horizon, the café doors would creak open, welcoming the first customers of the day. Among them was a young man named Klaus, a writer with a heart full of dreams and a mind teeming with stories waiting to be told.

Klaus would sit at his usual table by the window, his fingers tapping away at the keys of his typewriter as he sipped his black coffee. He was a man of few words, preferring to let his writing speak for itself. But behind his stoic exterior lay a world of emotions, a world that he poured onto the blank pages before him with every keystroke.

As the morning sun cast its golden rays upon the cobblestone streets outside, Klaus would lose himself in his writing, oblivious to the world around him. But amidst the clatter of dishes and the murmur of voices, there was one sound that never failed to catch his attention: the soft tinkling of a bell as the café door swung open.

And so it was on one fateful morning that Klaus looked up from his typewriter to see a figure standing in the doorway, a figure unlike any he had ever seen before. She was a woman of grace and beauty, with eyes that sparkled like the stars above and a smile that could light up the darkest of nights.

Intrigued, Klaus watched as the woman made her way to an empty table across the room. She carried herself with an air of confidence, her every movement graceful and deliberate. And as she sat down and ordered a cup of tea, Klaus found himself unable to tear his gaze away.

For days, Klaus watched the woman from afar, admiring her from the safety of his own solitude. But try as he might, he could never muster the courage to speak to her, to break through the invisible barrier that separated them.

Then, one rainy afternoon, as Klaus sat lost in thought, he felt a gentle tap on his shoulder. Startled, he looked up to see the woman standing before him, a small umbrella in her hand and a twinkle in her eye.

"May I join you?" she asked, her voice soft and melodic.

Unable to find his voice, Klaus simply nodded, his heart pounding in his chest. And as the woman took a seat opposite him, a smile playing at the corners of her lips, Klaus felt a warmth spread through him unlike anything he had ever known.

They talked for hours, about everything and nothing all at once. They spoke of their hopes and dreams, their fears and regrets, baring their souls to one another as the rain poured down outside. And with each passing moment, Klaus felt himself drawn to the woman in ways he could not explain.

As the evening drew near and the café began to empty out, Klaus knew that he could no longer hide his feelings. With a trembling hand, he reached across the table and took the woman's hand in his own, his heart racing with anticipation.

And as their eyes met in the flickering candlelight, Klaus knew that he had found something truly special, something worth holding onto with all his might. For in that moment, amidst the hustle and bustle of the city outside, Klaus found love in the most unexpected of places: the café on Unter den Linden.

Der verzauberte Wald von Bayern

Im Herzen Bayerns, wo die majestätischen Alpen in der Ferne aufragten und die Luft dick vom Duft der Kiefern war, lag ein verborgener Wald, der nur wenigen auserwählten bekannt war. Es war ein Ort der Magie und des Geheimnisses, wo die Bäume denjenigen, die es wagten zuzuhören, Geheimnisse zuflüsterten und die Flüsse mit Feenstaub funkelten.

Unter den Dorfbewohnern, die am Rand des Waldes lebten, befand sich ein junges Mädchen namens Anna. Mit ihren rosigen Wangen und ihren leuchtend blauen Augen war sie das Bild von Unschuld und Staunen. Von klein auf fühlte sich Anna vom Waldrand angezogen, fasziniert von den Geschichten, die ihre Großmutter von den verzauberten Kreaturen erzählte, die darin lebten.

An einem klaren Herbstmorgen, als die Blätter anfingen, sich golden zu färben und die Luft kälter wurde, machte sich Anna voller Aufregung auf in den Wald. Nur mit ihrem Verstand und einem Sinn für Abenteuer bewaffnet, drang sie tiefer und tiefer in den Wald ein, ihre Schritte knirschend auf den fallenden Blättern.

Während sie ging, staunte Anna über die Schönheit, die sie umgab. Die Bäume ragten hoch in den Himmel, ihre Äste streckten sich wie ausgestreckte Arme empor. Der Boden war mit einem Teppich aus Moos bedeckt, weich und einladend unter ihren Füßen. Und überall, wohin sie sah, gab es Anzeichen von Leben: vom Zwitschern der Vögel bis zum Rascheln kleiner Kreaturen im Unterholz.

Aber als Anna tiefer in den Wald eindrang, spürte sie eine Veränderung in der Luft. Das Sonnenlicht wurde schwächer, und die Bäume schienen sich um sie herum zu schließen, ihre Äste drehten und wandten sich wie knorrige Finger. Und doch, trotz der unheimlichen Atmosphäre, fühlte

Anna eine seltsame Ruhe über sich kommen, als würde sie von einer unsichtbaren Hand geleitet.

Plötzlich hörte Anna eine Stimme, die aus dem Schatten zu ihr rief. Erschrocken sah sie sich um, sah aber niemanden. "Wer ist da?" rief sie, ihre Stimme zitterte vor Angst.

Zu ihrer Überraschung tauchte eine kleine Kreatur aus dem Unterholz auf, ihre Augen voller Neugier. Es war eine Elfe, mit zarten Flügeln und einem schelmischen Grinsen. "Grüße, junge Reisende", sagte die Elfe, ihre Stimme klingelte wie Glocken. "Was führt dich in unseren Wald?"

Annas Herz machte einen Sprung, als sie die magische Kreatur vor sich sah. "I-Ich bin gekommen, um zu erkunden", stammelte sie, ihre Augen vor Staunen weit aufgerissen. "Ich habe von den Wundern gehört, die in diesen Wäldern liegen, und wollte sie mit eigenen Augen sehen."

Die Elfe nickte verständnisvoll, ihre Augen funkelten vor Schabernack. "Nun gut, dann hast du Glück", sagte sie und deutete auf eine nahegelegene Lichtung. "Denn im Herzen unseres Waldes liegt eine geheime Lichtung, wo die Bäume singen und die Blumen tanzen. Folge mir, und ich werde dir den Weg zeigen."

Damit flatterte die Elfe in die Bäume davon und ließ Anna zurück, ihr zu folgen. Und während sie sich durch das dichte Unterholz bewegte, spürte sie, wie sich ein Gefühl der Aufregung in ihr aufbaute, als stünde sie kurz davor, etwas wirklich Magisches zu entdecken.

Schließlich erreichten sie den Rand der Lichtung, und Anna keuchte vor Ehrfurcht über den Anblick vor ihr. Die Lichtung war in ein sanftes goldenes Licht getaucht, die Bäume wiegten sich sanft im Wind. Und inmitten all dessen stand eine prächtige Eiche, ihre Äste geschmückt mit schimmernden Laternen und Girlanden aus Blumen.

Als Anna in die Lichtung trat, fühlte sie eine tiefe Ruhe über sich kommen, als hätte sie endlich einen Ort gefunden, an dem sie wirklich hingehörte. Und während sie unter den Bäumen tanzte und wirbelte, ihr Lachen wie Musik erklang, wusste sie, dass sie auf etwas wirklich Besonderes gestoßen war: den verzauberten Wald von Bayern.

The Enchanted Forest of Bavaria

In the heart of Bavaria, where the majestic Alps loomed in the distance and the air was thick with the scent of pine, there lay a hidden forest known only to a chosen few. It was a place of magic and mystery, where the trees whispered secrets to those who dared to listen and the rivers sparkled with fairy dust.

Among the villagers who lived at the edge of the forest was a young girl named Anna. With her rosy cheeks and bright blue eyes, she was the very picture of innocence and wonder. From a young age, Anna had been drawn to the forest's edge, captivated by the stories her grandmother told of the enchanted creatures that dwelled within.

One crisp autumn morning, as the leaves began to turn golden and the air grew chilly, Anna set out into the forest, her heart pounding with excitement. Armed with nothing but her wits and a sense of adventure, she ventured deeper and deeper into the woods, her footsteps crunching on the fallen leaves below.

As she walked, Anna marveled at the beauty that surrounded her. The trees towered overhead, their branches reaching towards the sky like outstretched arms. The ground was carpeted with a blanket of moss, soft and inviting beneath her feet. And everywhere she looked, there were signs of life: from the chirping of birds to the rustling of small creatures in the underbrush.

But as Anna delved deeper into the forest, she began to sense a change in the air. The sunlight grew dimmer, and the trees seemed to close in around her, their branches twisting and turning like gnarled fingers. And yet, despite the eerie atmosphere, Anna felt a strange sense of calm wash over her, as if she were being guided by an unseen hand.

Suddenly, Anna heard a voice calling out to her from the shadows. Startled, she looked around, but saw no one. "Who's there?" she called out, her voice trembling with fear.

To her surprise, a small creature emerged from the underbrush, its eyes wide with curiosity. It was a pixie, with delicate wings and a mischievous grin. "Greetings, young traveler," the pixie said, its voice tinkling like bells. "What brings you to our forest?"

Anna's heart skipped a beat at the sight of the magical creature before her. "I-I've come to explore," she stammered, her eyes wide with wonder. "I've heard tales of the wonders that lie within these woods, and I wanted to see them for myself."

The pixie nodded in understanding, its eyes twinkling with mischief. "Well then, you're in luck," it said, gesturing towards a nearby clearing. "For in the heart of our forest lies a secret grove, where the trees sing and the flowers dance. Follow me, and I'll show you the way."

With that, the pixie fluttered off into the trees, leaving Anna to follow in its wake. And as she made her way through the dense undergrowth, she felt a sense of excitement building within her, as if she were on the verge of discovering something truly magical.

Finally, they reached the edge of the clearing, and Anna gasped in awe at the sight before her. The grove was bathed in a soft golden light, its trees swaying gently in the breeze. And in the center of it all stood a magnificent oak tree, its branches adorned with shimmering lanterns and garlands of flowers.

As Anna stepped into the grove, she felt a sense of peace wash over her, as if she had finally found a place where she truly belonged. And as she danced and twirled among the trees, her laughter ringing out like music, she knew that she had stumbled upon something truly special: the enchanted forest of Bavaria.

Die Abenteuer von Herrn Müller und das Alpenrätsel

Im malerischen Dorf Hallstatt, eingebettet zwischen den majestätischen österreichischen Alpen, lebte ein bescheidener Mann namens Herr Müller. Herr Müller war im ganzen Dorf bekannt für seine sanfte Art und seine Liebe zum Abenteuer. Jeden Tag machte er sich auf in die Berge, um die verschlungenen Pfade und verborgenen Täler zu erkunden, die jenseits lagen.

An einem sonnigen Morgen, als Herr Müller zu seinem neuesten Abenteuer aufbrach, stieß er auf etwas Unerwartetes: eine zerschlissene Karte, die am Rand einer Wiese lag. Intrigiert hob er sie auf und untersuchte sie genau. Es war eine Karte der umliegenden Berge, übersät mit seltsamen Symbolen und kryptischen Markierungen.

Entschlossen, das Rätsel der Karte zu lösen, begab sich Herr Müller auf die Suche nach ihren Geheimnissen. Bewaffnet mit nichts als seinen treuen Wanderschuhen und einem Gefühl der Neugier, folgte er den verschlungenen Pfaden der Karte tief in das Herz der Alpen.

Je höher er stieg, desto dünner wurde die Luft und desto rauer wurde die Landschaft. Aber Herr Müller drückte weiter, seine Entschlossenheit unwandelbar. Und als er den Gipfel des höchsten Berges erreichte, wurde er von einem Anblick begrüßt, der ihm den Atem raubte: ein verborgenes Tal, eingebettet zwischen den Wolken, seine Wiesen mit Wildblumen bedeckt und seine Bäche kristallklar.

Aber als Herr Müller das Tal erkundete, wurde ihm schnell klar, dass er nicht allein war. Denn versteckt zwischen den Bäumen befand sich eine Gruppe neugieriger Kreaturen, wie er sie noch nie zuvor gesehen hatte. Es waren Gemsen, mit ihren glatten Mänteln und anmutigen Hörnern, und sie beobachteten ihn mit wachsamen Augen.

Unbeirrt näherte sich Herr Müller langsam den Gemsen, hielt seine Hand in Freundschaft ausgestreckt. Zu seiner Überraschung wich die Kreaturen nicht zurück, sondern drückten stattdessen gegen seine Handfläche, ihre Augen funkelten vor Neugier.

Und als Herr Müller auf die atemberaubende Landschaft vor ihm blickte, wusste er, dass er auf etwas wirklich Magisches gestoßen war: die Kraft der Freundschaft und die Schönheit der österreichischen Alpen.

The Adventures of Herr Müller and the Alpine Mystery

In the picturesque village of Hallstatt, nestled among the majestic Austrian Alps, lived a humble man named Herr Müller. Herr Müller was known throughout the village for his gentle demeanor and his love of adventure. Every day, he would set out into the mountains, exploring the winding trails and hidden valleys that lay beyond.

One sunny morning, as Herr Müller set off on his latest adventure, he stumbled upon something unexpected: a tattered map lying at the edge of a meadow. Intrigued, he picked it up and examined it closely. It was a map of the surrounding mountains, dotted with strange symbols and cryptic markings.

Determined to unravel the mystery of the map, Herr Müller set out on a quest to discover its secrets. Armed with nothing but his trusty hiking boots and a sense of curiosity, he followed the map's twisting trails deep into the heart of the Alps.

As he climbed higher and higher, the air grew thinner and the landscape more rugged. But Herr Müller pressed on, his determination unwavering. And as he reached the summit of the highest peak, he was greeted by a sight that took his breath away: a hidden valley nestled among the clouds, its meadows carpeted with wildflowers and its streams crystal clear.

But as Herr Müller explored the valley, he soon realized that he was not alone. For hidden among the trees were a group of curious creatures unlike any he had ever seen before. They were chamois, with their sleek coats and graceful horns, and they watched him with wary eyes.

Undeterred, Herr Müller approached the chamois slowly, holding out his hand in friendship. To his surprise, the creatures did not shy away, but instead nuzzled against his palm, their eyes sparkling with curiosity.

And as Herr Müller gazed out at the breathtaking landscape before him,
he knew that he had stumbled upon something truly magical: the power
of friendship and the beauty of the Austrian Alps.

Echoes der Elbe

In der geschäftigen Stadt Hamburg, wo die Elbe träge durch das Herz der Metropole floss, lebte eine Frau namens Elsa. Sie wohnte in einer kleinen Wohnung mit Blick auf den Fluss, ihre Tage erfüllt von den sanften Rhythmen des Wassers und dem entfernten Summen der Stadt jenseits.

Elsa war eine Träumerin, ihr Geist wanderte oft zu fernen Ländern und weit entfernten Orten. Sie würde Stunden damit verbringen, auf den Fluss zu blicken, in Gedanken versunken, während sie die Boote vorbeigleiten und die Möwen über ihr kreisen sah.

Doch inmitten des Trubels der Stadt fand Elsa Trost in den ruhigen Momenten, die sie am Ufer des Flusses verbrachte. Dort, zwischen den flüsternden Schilfen und dem sanften Plätschern der Wellen, fühlte sie sich am meisten im Frieden.

An einem regnerischen Nachmittag, als Elsa am Fenster saß und in Gedanken versunken war, hörte sie einen leisen Klang durch die Luft schweben. Es war eine Melodie, sanft und betörend, vom Wind von jenseits des Flusses getragen. Intrigiert lehnte Elsa sich näher, bemüht, die schwachen Klänge der Musik zu erhaschen.

Als die Melodie lauter wurde, fühlte Elsa eine Vertrautheit über sie kommen, als hätte sie sie irgendwo schon einmal gehört. Und während sie zuhörte, kamen die Erinnerungen zurückgeschossen: Erinnerungen an eine lange vergangene Zeit, als sie entlang der Ufer der Elbe mit einer Liebe tanzte, die der Zeit zum Opfer gefallen war.

Entschlossen, die Quelle der mysteriösen Melodie aufzudecken, machte sich Elsa auf den Weg durch die Stadt, ihr Herz vor Aufregung klopfend. Sie folgte dem Klang der Musik durch die verwinkelten Straßen und belebten Plätze, bis sie schließlich vor einem alten, wettergegerbten Gebäude stand, das am Ufer des Flusses eingebettet war.

Das Gebäude war eine Taverne, ihre Fenster glühten warm im verblassenden Tageslicht. Und als Elsa eintrat, wurde sie von dem Anblick einer geschäftigen Menschenmenge begrüßt, deren Gelächter mit den Klängen der Musik, die die Luft erfüllte, verschmolz.

Näher an die Quelle der Melodie heranrückend, sah Elsa eine Gruppe von Musikern, die sich in der Ecke der Taverne versammelt hatten, ihre Finger flogen mit geübter Leichtigkeit über die Saiten ihrer Instrumente. Und im Zentrum von allem war ein Mann, sein Gesicht vom sanften Glanz der Laternen über ihm erhellt.

Als Elsa dem Mann beim Spielen zusah, spürte sie eine Wiedererkennung in sich aufsteigen. Es war ihre lange verlorene Liebe, die sie für immer verloren glaubte. Und doch war er hier, vor ihren Augen, seine Musik webte ein Netz von Erinnerungen, das sich über die Jahre erstreckte.

Nicht länger in der Lage, ihre Emotionen zurückzuhalten, trat Elsa auf den Mann zu, ihr Herz klopfte in ihrer Brust. "Erinnerst du dich an mich?" fragte sie, ihre Stimme kaum mehr als ein Flüstern.

Der Mann sah auf, seine Augen trafen ihre mit einer Mischung aus Überraschung und Sehnsucht. "Elsa", sagte er, seine Stimme kaum mehr als ein Flüstern. "Ich dachte, ich würde dich nie wiedersehen."

Und in diesem Moment, inmitten der Wärme und des Gelächters der Taverne, wurden Elsa und ihre lange verlorene Liebe endlich wiedervereint. Sie tanzten gemeinsam unter den flackernden Laternen, ihre Herzen überquellend vor Freude, als sie sich in der Musik und den Erinnerungen verloren, die durch die Hallen der Taverne und darüber hinaus, über die Gewässer der Elbe, hallten.

Echoes of the Elbe

In the bustling city of Hamburg, where the Elbe River flowed lazily through the heart of the metropolis, there lived a woman named Elsa. She dwelled in a small apartment overlooking the river, her days filled with the gentle rhythms of the water and the distant hum of the city beyond.

Elsa was a dreamer, her mind often wandering to distant lands and far-off places. She would spend hours gazing out at the river, lost in thought as she watched the boats glide by and the seagulls soar overhead.

But amidst the hustle and bustle of the city, Elsa found solace in the quiet moments she spent by the river's edge. It was there, amidst the whispering reeds and the gentle lapping of the waves, that she felt most at peace.

One rainy afternoon, as Elsa sat by the window, lost in her thoughts, she heard a faint sound drifting through the air. It was a melody, soft and haunting, carried on the breeze from across the river. Intrigued, Elsa leaned closer, straining to catch the faint strains of music.

As the melody grew louder, Elsa felt a sense of familiarity wash over her, as if she had heard it somewhere before. And as she listened, the memories came flooding back: memories of a time long ago, when she had danced along the banks of the Elbe with a love lost to the passage of time.

Determined to uncover the source of the mysterious melody, Elsa set out into the city, her heart pounding with anticipation. She followed the sound of the music through the winding streets and bustling squares, until at last, she found herself standing before an old, weather-beaten building nestled on the river's edge.

The building was a tavern, its windows glowing warmly in the fading light of day. And as Elsa stepped inside, she was greeted by the sight of a bustling crowd, their laughter mingling with the strains of music that filled the air.

Drawing closer to the source of the melody, Elsa saw a group of musicians gathered in the corner of the tavern, their fingers flying across the strings of their instruments with practiced ease. And at the center of it all was a man, his face illuminated by the soft glow of the lanterns above.

As Elsa watched the man play, she felt a pang of recognition stir within her. It was her long-lost love, the one she had thought lost to the passage of time. And yet here he was, before her eyes, his music weaving a tapestry of memories that stretched across the years.

Unable to contain her emotions any longer, Elsa approached the man, her heart pounding in her chest. "Do you remember me?" she asked, her voice barely above a whisper.

The man looked up, his eyes meeting hers with a mixture of surprise and longing. "Elsa," he said, his voice barely a whisper. "I thought I would never see you again."

And in that moment, amidst the warmth and laughter of the tavern, Elsa and her long-lost love were reunited at last. They danced together beneath the flickering lanterns, their hearts overflowing with joy as they lost themselves in the music and the memories that echoed through the halls of the tavern and beyond, across the waters of the Elbe.

Das Große Abenteuer

In einem kleinen Dorf, das im Herzen Deutschlands eingebettet war, lebte ein Junge namens Max. Max war anders als alle anderen Jungen im Dorf. Er war abenteuerlustig, schelmisch und immer bereit für eine Herausforderung. Mit seinem treuen Begleiter, einem loyalen Dackel namens Fritz, an seiner Seite gab es in Max' Leben nie einen langweiligen Moment.

Eines Tages, als Max die Wälder in der Nähe seines Dorfes erkundete, stieß er auf etwas Außergewöhnliches: eine versteckte Höhle, die zwischen den Bäumen verborgen war. Intrigiert drangen Max und Fritz tiefer in die Höhle ein, ihre Herzen pochten vor Aufregung.

Als sie weiter in die Höhle vordrangen, weiteten sich Max' Augen vor Staunen ob des Anblicks vor ihm. Die Wände waren mit Regalen voller Schätze bedeckt: glitzernde Juwelen, goldene Münzen und kostbare Artefakte aus längst vergangenen Zeiten. Es war ein Schatzhaus jenseits seiner kühnsten Träume.

Doch als Max versuchte, einen der Schätze zu berühren, hörte er eine Stimme, die durch die Dunkelheit hallte. "Wer wagt es, die Schätze der Höhle zu stören?" erklang es, und Max lief ein Schauer über den Rücken. In der Furcht, auf etwas Gefährliches gestoßen zu sein, wandte sich Max zum Gehen. Doch bevor er fliehen konnte, trat eine Gestalt aus den Schatten hervor: ein großer Mann mit einem langen Bart und einem glänzenden Schwert an seiner Seite.

Zu Max' Überraschung sah der Mann weder wütend noch bedrohlich aus. Stattdessen lächelte er warm und streckte eine Hand der Freundschaft aus. "Fürchte dich nicht, junger Abenteurer", sagte er. "Ich bin der Hüter der Höhle, und ich meine dir keinen Schaden. Ich möchte nur die Schätze innerhalb schützen vor denen, die sie ausbeuten wollen."

Erleichtert stellte sich Max dem Hüter vor und erklärte, wie er die Höhle zufällig entdeckt hatte. Intrigiert von Max' abenteuerlichem Geist, bot der Hüter an, ihn herumzuführen und ihm die Geschichten hinter den Schätzen zu erzählen.

Während sie durch die Höhle wanderten, erzählte der Hüter Max von tapferen Rittern und wilden Drachen, von waghalsigen Abenteuern und knappen Entkommen. Und mit jeder erzählten Geschichte leuchteten Max' Augen vor Aufregung, seine Fantasie nahm Flug.

Doch als sie das Herz der Höhle erreichten, bemerkte Max etwas Seltsames: eine Tür, die in den Felsen gehauen war, ihre Oberfläche mit komplizierten Runen und Symbolen geschmückt. Neugierig streckte er die Hand aus, um sie zu berühren, und zu seiner Verblüffung schwang die Tür mit einem Quietschen auf, und dahinter offenbarte sich eine verborgene Kammer.

In der Kammer fand sich Max plötzlich einem Anblick gegenüber, wie er ihn noch nie zuvor gesehen hatte. Es war eine Karte, die über einem Tisch ausgebreitet war, ihre Oberfläche mit seltsamen Symbolen und kryptischen Markierungen versehen. Und im Zentrum von allem war ein glänzender Juwel, pulsierend vor übernatürlichem Licht.

Als Max erkannte, dass er auf etwas wirklich Besonderes gestoßen war, wandte er sich mit glänzenden Augen voller Aufregung an den Hüter. "Was ist das für ein Ort?" fragte er, seine Stimme kaum mehr als ein Flüstern.

Der Hüter lächelte wissend und deutete auf die Karte. "Das, mein junger Freund, ist die Karte der Legenden", sagte er. "Sie hält den Schlüssel bereit, das größte Abenteuer von allen zu entfesseln: eine Quest, um die verlorenen Schätze Deutschlands aufzuspüren und sie an ihren rechtmäßigen Platz zurückzubringen."

Begierig darauf, das Abenteuer seines Lebens zu beginnen, machten sich Max und Fritz mit der Hilfe des Hüters auf den Weg, den Hinweisen auf der Karte zu folgen. Gemeinsam reisten sie weit und breit, standen vor Gefahren und überwanden Hindernisse an jeder Ecke.

Doch durch all das blieb Max unerschrocken, sein Geist ungebrochen und seine Entschlossenheit unerschütterlich. Und als er die versteckten Schätze Deutschlands entdeckte, erkannte er, dass der größte Schatz von allen nicht Gold oder Juwelen war, sondern die Freundschaften, die er geschlossen hatte, und die Erinnerungen, die er auf dem Weg gemacht hatte.

Und so, mit der Karte der Legenden in der Hand und Fritz an seiner Seite, setzte Max sein großes Abenteuer fort, bereit, sich mit Mut und einem Sinn für Staunen den Herausforderungen zu stellen, die noch vor ihm lagen.

The Great Adventure

In a small village nestled in the heart of Germany, there lived a boy named Max. Max was unlike any other boy in the village. He was adventurous, mischievous, and always up for a challenge. With his trusty sidekick, a loyal dachshund named Fritz, by his side, there was never a dull moment in Max's life.

One day, as Max was exploring the woods near his village, he stumbled upon something extraordinary: a hidden cave tucked away among the trees. Intrigued, Max and Fritz ventured inside, their hearts pounding with excitement.

As they delved deeper into the cave, Max's eyes widened with wonder at the sight before him. The walls were lined with shelves upon shelves of treasures: glittering jewels, golden coins, and precious artifacts from times long past. It was a treasure trove beyond his wildest dreams.

But as Max reached out to touch one of the treasures, he heard a voice echoing through the darkness. "Who dares to disturb the treasures of the cave?" it boomed, sending shivers down Max's spine.

Fearing that he had stumbled upon something dangerous, Max turned to flee. But before he could make his escape, a figure emerged from the shadows: a tall man with a long beard and a gleaming sword at his side.

To Max's surprise, the man did not look angry or threatening. Instead, he smiled warmly and extended a hand in friendship. "Fear not, young adventurer," he said. "I am the guardian of the cave, and I mean you no harm. I only wish to protect the treasures within from those who would seek to exploit them."

Relieved, Max introduced himself to the guardian and explained how he had stumbled upon the cave by accident. Intrigued by Max's adventurous spirit, the guardian offered to show him around and tell him the stories behind the treasures that lay within.

As they wandered through the cave, the guardian regaled Max with tales of brave knights and fierce dragons, of daring escapades and narrow escapes. And with each story he told, Max's eyes lit up with excitement, his imagination taking flight.

But as they reached the heart of the cave, Max noticed something strange: a door carved into the rock, its surface adorned with intricate runes and symbols. Curious, he reached out to touch it, and to his amazement, the door swung open with a creak, revealing a hidden chamber beyond.

Inside the chamber, Max found himself face to face with a sight unlike anything he had ever seen before. It was a map, spread out across a table, its surface marked with strange symbols and cryptic markings. And at the center of it all was a shining jewel, pulsing with an otherworldly light.

Realizing that he had stumbled upon something truly special, Max turned to the guardian with excitement shining in his eyes. "What is this place?" he asked, his voice barely above a whisper.

The guardian smiled knowingly and gestured towards the map. "This, my young friend, is the Map of Legends," he said. "It holds the key to unlocking the greatest adventure of all: a quest to uncover the lost treasures of Germany and restore them to their rightful place."

Eager to embark on the adventure of a lifetime, Max and Fritz set out into the world, following the clues laid out on the map with the guardian's guidance. Together, they traveled far and wide, facing dangers and overcoming obstacles at every turn.

But through it all, Max remained undaunted, his spirit unbroken and his determination unwavering. And as he uncovered the hidden treasures of Germany, he realized that the greatest treasure of all was not gold or jewels, but the friendships he had forged and the memories he had made along the way.

And so, with the Map of Legends in hand and Fritz by his side, Max continued on his great adventure, ready to face whatever challenges lay ahead with courage and a sense of wonder.

Duft der Träume

In der geschäftigen Stadt Köln, wo der Rhein unaufhörlich durch das Herz der Metropole floss, lebte eine junge Frau namens Liesl. Liesl war eine Träumerin, ihre Gedanken schweiften oft wie die Wolken, die träge am Himmel über ihr dahinzogen.

Jeden Tag würde Liesl durch die gepflasterten Straßen von Köln schlendern, ihre Augen voller Staunen, während sie die Anblicke und Klänge der Stadt aufnahm. Sie würde innehalten, um die prächtige Kathedrale zu bewundern, die über die Skyline ragte, ihre Türme streckten sich wie ausgestreckte Finger gen Himmel. Sie würde dem fröhlichen Geschnatter der Markthändler lauschen, während sie ihre Waren feilboten, ihre Stimmen vermischten sich mit dem Lachen spielender Kinder in der Nähe.

Doch inmitten des Trubels der Stadt fand Liesl Trost in den einfachen Freuden des Lebens. Sie würde Stunden damit verbringen, durch die duftenden Gärten zu wandern, die die Ufer des Flusses säumten, den süßen Duft der Blumen einzuatmen und den Sonnenuntergang in einem goldenen Lichtschein untergehen zu sehen.

An einem Abend, als Liesl am Flussufer entlang schlenderte, hörte sie einen leisen Klang durch die Luft schweben. Es war die Musik, sanft und betörend, vom Wind von jenseits des Wassers getragen. Intrigiert folgte Liesl dem Klang, bis sie schließlich auf ein kleines Boot stieß, das am Ufer des Flusses festgemacht war.

Im Inneren des Bootes fand Liesl einen jungen Mann, der Violine spielte, seine Finger tanzten über die Saiten mit einer Anmut und Fertigkeit, die sie den Atem raubten. Er war ein Straßenmusikant, realisierte sie, seine Augen leuchteten vor Leidenschaft, während er sein Herz und seine Seele in seine Musik goss.

Fasziniert von dem Talent des jungen Mannes, trat Liesl zögerlich auf ihn zu, ihr Herz pochte vor Aufregung. "Deine Musik ist wunderschön", sagte sie, ihre Stimme kaum mehr als ein Flüstern.

Der junge Mann sah auf, von Liesls plötzlichem Auftauchen überrascht. Aber als sich ihr Blick trafen, breitete sich ein Lächeln auf seinem Gesicht aus, das ihr Herz auf eine Weise erwärmte, die sie zuvor noch nie gekannt hatte. "Danke", sagte er, seine Stimme sanft und melodisch. "Ich freue mich, dass du das denkst."

Und so kehrte Liesl Nacht für Nacht zum Flussufer zurück, um dem jungen Mann beim Spielen zuzuhören, ihr Herz erfüllt von einem Gefühl der Sehnsucht, das sie nicht erklären konnte. Sie fühlte sich zu ihm hingezogen auf eine Weise, wie sie es zuvor noch nie zu jemand anderem gefühlt hatte, als wären sie durch etwas Tieferes verbunden als bloße Worte es ausdrücken könnten.

Aber als die Tage zu Wochen wurden, begann Liesl zu erkennen, dass ihre Gefühle für den jungen Mann mehr als nur Bewunderung waren. Sie hatte sich in ihn verliebt, erkannte sie, in seine Musik und seine Leidenschaft und die Art und Weise, wie er sie lebendig fühlen ließ.

Entschlossen, ihre Gefühle auszudrücken, fasste Liesl Mut und trat an einem Abend auf den jungen Mann zu, als er seine Performance beendete. "Ich liebe dich", sagte sie, ihre Stimme vor Emotion zitternd.

Zu ihrer Überraschung erstrahlte das Gesicht des jungen Mannes vor Freude bei ihren Worten. "Und ich liebe dich auch", sagte er, streckte die Hand aus, um ihre in seine zu nehmen. "Ich habe dich geliebt, seitdem ich dich zum ersten Mal gesehen habe."

Und in diesem Moment, zwischen dem sanften Plätschern des Flusses und den leisen Klängen der Musik, die die Luft erfüllten, schworen sich Liesl und der junge Mann ihre Liebe, ihre Herzen verwoben wie die Zweige eines Baumes.

Als sie zusammen den Rhein hinuntersegelten, Hand in Hand, wusste Liesl, dass sie ihr wahres Zuhause in den Armen dessen gefunden hatte, den sie liebte. Und während der Duft der Träume die Luft erfüllte, wusste sie, dass ihre Liebe ein Leben lang und darüber hinaus halten würde, wie der ewige Fluss, der sie in eine gemeinsame Zukunft trug.

35

Fragrance of Dreams

In the bustling city of Cologne, where the Rhine River flowed steadily through the heart of the metropolis, there lived a young woman named Liesl. Liesl was a dreamer, her thoughts often drifting away like the clouds that floated lazily in the sky above.

Each day, Liesl would wander the cobbled streets of Cologne, her eyes wide with wonder as she took in the sights and sounds of the city. She would pause to admire the grand cathedral that towered over the skyline, its spires reaching towards the heavens like outstretched fingers. She would listen to the cheerful chatter of the market vendors as they peddled their wares, their voices mingling with the laughter of children playing nearby.

But amidst the hustle and bustle of the city, Liesl found solace in the simple pleasures of life. She would spend hours wandering through the fragrant gardens that lined the riverbanks, breathing in the sweet scent of flowers and watching the sun dip below the horizon in a blaze of golden light.

One evening, as Liesl was strolling along the riverbank, she heard a faint sound drifting through the air. It was the sound of music, soft and haunting, carried on the breeze from across the water. Intrigued, Liesl followed the sound until at last, she came upon a small boat moored by the river's edge.

Inside the boat, Liesl found a young man playing a violin, his fingers dancing across the strings with a grace and skill that took her breath away. He was a street musician, she realized, his eyes alight with passion as he poured his heart and soul into his music.

Captivated by the young man's talent, Liesl approached him tentatively, her heart pounding with excitement. "Your music is beautiful," she said, her voice barely above a whisper.

The young man looked up, startled by Liesl's sudden appearance. But as he met her gaze, a smile spread across his face, warming her heart in ways she had never known before. "Thank you," he said, his voice soft and melodic. "I'm glad you think so."

And so, night after night, Liesl would return to the riverbank to listen to the young man play, her heart filled with a sense of longing she could not explain. She felt drawn to him in a way she had never felt drawn to anyone before, as if they were connected by something deeper than mere words could convey.

But as the days turned into weeks, Liesl began to realize that her feelings for the young man were more than just admiration. She had fallen in love with him, she realized, with his music and his passion and the way he made her feel alive.

Determined to express her feelings, Liesl gathered her courage and approached the young man one evening as he finished his performance. "I love you," she said, her voice trembling with emotion.

To her surprise, the young man's face lit up with joy at her words. "And I love you too," he said, reaching out to take her hand in his own. "I have loved you from the moment I first saw you."

And in that moment, amidst the gentle lapping of the river and the soft strains of music that filled the air, Liesl and the young man pledged their love to one another, their hearts intertwined like the branches of a tree.

As they sailed down the Rhine together, hand in hand, Liesl knew that she had found her true home in the arms of the one she loved. And as the fragrance of dreams filled the air, she knew that their love would last a lifetime and beyond, like the eternal flow of the river that carried them towards their future together.

Das Geheimnis des Frankfurter Uhrenturms

Im Herzen von Frankfurt, wo die Skyline mit imposanten Wolkenkratzern funkelte und die Straßen vom Leben der Stadt pulsierten, stand ein prächtiger alter Uhrenturm. Es war ein Wahrzeichen, das seit Jahrhunderten existierte, dessen imposante Präsenz ein Zeugnis für die reiche Geschichte und den unermüdlichen Geist der Stadt war.

Doch hinter seiner stattlichen Fassade verbarg sich ein Rätsel, das die Bewohner Frankfurts seit Generationen beschäftigte. Solange sich jemand erinnern konnte, war der Uhrenturm in der Zeit erstarrt, seine Zeiger stecken geblieben auf zwölf Uhr, niemals vorwärts oder rückwärts.

Unter denen, die vom Geheimnis des Uhrenturms fasziniert waren, befand sich ein junger Detektiv namens Klaus. Mit seinem scharfen Blick für Details und seinem klugen Verstand hatte Klaus sich einen Namen als bester Detektiv in Frankfurt gemacht. Und nun war er entschlossen, die Geheimnisse des Uhrenturms endgültig zu entschlüsseln.

Als Klaus vor dem imposanten Bauwerk stand, die Stirn konzentriert gerunzelt, konnte er nicht umhin, ein Gefühl der Beklemmung zu verspüren. Da war etwas an dem Uhrenturm, das ihn beunruhigte, etwas, das von längst vergessenen Geheimnissen flüsterte.

Entschlossen, dem Geheimnis auf den Grund zu gehen, machte sich Klaus daran, Hinweise von den Bewohnern Frankfurts zu sammeln. Er sprach mit Ladenbesitzern und Straßenverkäufern, Alteingesessenen und Neuankömmlingen gleichermaßen, in der Hoffnung, Informationen zu erhalten, die das Geheimnis des Uhrenturms erhellen könnten.

Aber egal, wohin er ging oder mit wem er sprach, Klaus stieß auf dieselbe Reaktion: ein Schulterzucken und ein Kopfschütteln. Es schien, als wüsste niemand etwas über den Uhrenturm oder warum seine Zeiger in der Zeit erstarrt waren.

Ungedämpft setzte Klaus seine Ermittlungen fort und war fest entschlossen, keine Mühe zu scheuen. Er verbrachte lange Stunden damit, alte Aufzeichnungen und verstaubte Archive zu durchsuchen, auf der Suche nach jeglicher Erwähnung des Uhrenturms in den Geschichtsbüchern der Stadt.

Und dann, gerade als Klaus begann, die Hoffnung zu verlieren, stieß er auf einen Hinweis, der ihm einen Schauer über den Rücken jagte.

Es war ein Zeitungsartikel aus vergangenen Jahrzehnten, der von einem tragischen Unfall berichtete, der vor vielen Jahren am Uhrenturm stattgefunden hatte.

Dem Artikel zufolge hatte ein junger Uhrmacher an dem Mechanismus des Turms gearbeitet, als er aus den schwindelerregenden Höhen in den Tod gestürzt war. Sein Körper war am Fuße des Turms gefunden worden, seine Hände erstarrt in einem vergeblichen Versuch, seinen Fall zu stoppen.

Als Klaus den Artikel las, lief ihm ein Schauer über den Rücken. Könnte es sein, dass der Geist des jungen Uhrmachers den Turm noch immer heimsuchte, sich weigerte weiterzugehen, bis seine Arbeit vollendet war?

Entschlossen, es herauszufinden, stieg Klaus die Treppen zum Gipfel des Uhrenturms hinauf, sein Herz pochte vor Aufregung. Als er oben ankam, fand er sich dem Uhrwerk gegenüber, dessen Zahnräder bedrohlich im Dunkeln surrenden.

Er holte tief Luft, streckte die Hand aus, um die erstarrten Zeiger der Uhr zu berühren, seine Finger zitterten vor Aufregung. Und dann, mit einem sanften Stoß, begann er, sie vorwärts zu bewegen, Zoll für Zoll, bis sie schließlich wieder auf zwölf Uhr standen.

Als Klaus voller Erstaunen zusah, erwachte der Uhrenturm vor seinen Augen zum Leben, seine Glocken läuteten in einem freudigen Chor, der über die Stadt widerhallte. Und als der letzte Ton verklungen war, spürte

Klaus eine tiefe Ruhe über sich kommen, als ob eine Last von seinen Schultern genommen worden wäre.

Denn in diesem Moment, zwischen dem Ticken der Uhr und den wirbelnden Nebeln der Zeit, wusste Klaus, dass er das Geheimnis des Frankfurter Uhrenturms endlich gelöst hatte. Und als er die Treppen hinabstieg, erfüllt von Stolz und Zufriedenheit, wusste er, dass sein Name in die Geschichte eingehen würde als der Detektiv, der die Geheimnisse des rätselhaftesten Wahrzeichens der Stadt gelüftet hatte.

The Mystery of the Frankfurt Clock Tower

In the heart of Frankfurt, where the skyline sparkled with towering skyscrapers and the streets thrummed with the energy of city life, there stood a grand old clock tower. It was a landmark that had stood for centuries, its imposing presence a testament to the city's rich history and enduring spirit.

But behind its stately facade lay a mystery that had puzzled the residents of Frankfurt for generations. For as long as anyone could remember, the clock tower had been frozen in time, its hands stuck at twelve o'clock, never moving forward or backward.

Among those intrigued by the mystery of the clock tower was a young detective named Klaus. With his keen eye for detail and his sharp wit, Klaus had made a name for himself as the best detective in Frankfurt. And now, he was determined to unravel the secrets of the clock tower once and for all.

As Klaus stood before the towering structure, his brow furrowed in concentration, he couldn't help but feel a sense of foreboding. There was something about the clock tower that unsettled him, something that whispered of secrets long forgotten.

Determined to get to the bottom of the mystery, Klaus set out to gather clues from the residents of Frankfurt. He spoke to shopkeepers and street vendors, old-timers and newcomers alike, hoping to uncover any information that might shed light on the mystery of the clock tower.

But no matter where he went or who he spoke to, Klaus encountered the same response: a shrug of the shoulders and a shake of the head. It seemed that no one knew anything about the clock tower or why its hands remained frozen in time.

Undeterred, Klaus continued his investigation, determined to leave no stone unturned. He spent long hours poring over old records and dusty archives, searching for any mention of the clock tower in the city's history books.

And then, just when Klaus was beginning to lose hope, he stumbled upon a clue that sent shivers down his spine. It was a newspaper article from decades past, detailing a tragic accident that had occurred at the clock tower many years ago.

According to the article, a young clockmaker had been working on the tower's mechanism when he had fallen to his death from the dizzying heights above. His body had been found at the foot of the tower, his hands frozen in a futile attempt to stop his fall.

As Klaus read the article, a chill ran down his spine. Could it be that the spirit of the young clockmaker still haunted the tower, refusing to move on until his work was complete?

Determined to find out, Klaus climbed the stairs to the top of the clock tower, his heart pounding with anticipation. As he reached the top, he found himself face to face with the clock mechanism, its gears and cogs whirring ominously in the darkness.

Taking a deep breath, Klaus reached out to touch the frozen hands of the clock, his fingers trembling with excitement. And then, with a gentle push, he began to move them forward, inch by inch, until at last, they reached twelve o'clock once more.

As Klaus watched in amazement, the clock tower came to life before his eyes, its bells ringing out in a joyful chorus that echoed across the city. And as the last peal faded away, Klaus felt a sense of peace wash over him, as if a weight had been lifted from his shoulders.

For in that moment, amidst the ticking of the clock and the swirling mists of time, Klaus knew that he had solved the mystery of the Frankfurt clock tower at last. And as he descended the stairs, his heart filled with pride and satisfaction, he knew that his name would go down in history as the detective who had unlocked the secrets of the city's most enigmatic landmark.

Die Dresdner Träumerin

In der malerischen Stadt Dresden, wo der sanfte Fluss der Elbe den weichen Farben des Himmels darüber ähnelte, lebte eine junge Frau namens Clara. Clara war eine Träumerin, ihr Geist oft verloren in den Seiten ihrer Lieblingsbücher oder wandernd durch die verwinkelten Straßen der Stadt.

Mit ihrer lebhaften Vorstellungskraft und ihrem geschärften Blick für Schönheit fand Clara Inspiration in den kleinsten Dingen: den zarten Blütenblättern einer blühenden Blume, den eleganten Bögen einer historischen Brücke, dem Lachen spielender Kinder im Park. Für Clara war die Welt eine Leinwand, die darauf wartete, mit den Farben ihrer Träume gemalt zu werden.

Doch inmitten der Schönheit Dresdens trug Clara eine geheime Sehnsucht in ihrem Herzen. Solange sie sich erinnern konnte, hatte sie davon geträumt, Künstlerin zu werden, die Magie der Welt um sie herum mit ihren eigenen Händen einzufangen. Aber ihre Träume schienen immer unerreichbar, überschattet von Zweifeln und Unsicherheiten, die sie davon abhielten, ihre Leidenschaft zu verfolgen.

An einem sonnigen Nachmittag, als Clara durch die Stadt wanderte, stieß sie auf eine malerische kleine Kunstgalerie, die in einer ruhigen Ecke Dresdens versteckt war. Intrigiert trat sie ein, ihre Augen weiteten sich vor Staunen ob des Anblicks vor ihr.

Die Galerie war gefüllt mit Gemälden jeder Größe und Stilrichtung, von kühnen Abstraktionen bis hin zu zarten Aquarellen. Doch die Arbeit einer bestimmten Künstlerin fiel Clara ins Auge: eine Serie lebhafter Landschaften, die förmlich vor Leben und Energie von der Leinwand zu springen schienen.

Von der Schönheit der Gemälde fasziniert, trat Clara auf den Galeriebesitzer zu, ein freundlicher alter Mann mit einem Funkeln in den Augen. "Wer ist die Künstlerin hinter diesen Gemälden?" fragte sie, ihre Stimme voller Ehrfurcht.

Der Galeriebesitzer lächelte warm und deutete auf eine Ecke des Raumes, wo eine junge Frau die letzten Handgriffe an einem neuen Meisterwerk vollendete. "Das wäre Lina", sagte er. "Sie ist eine lokale Künstlerin und eine ziemlich talentierte dazu."

Während Clara Lina bei der Arbeit beobachtete, stieg Bewunderung in ihr auf. Hier war eine Frau, die es gewagt hatte, ihren Träumen nachzugehen, die ihre Leidenschaft für die Kunst in die Realität umgesetzt hatte. Und in diesem Moment wusste Clara, was sie tun musste.

Entschlossen, in Linas Fußstapfen zu treten, machte sich Clara auf, ihre eigenen künstlerischen Ambitionen mit erneuter Entschlossenheit zu verfolgen. Sie verbrachte lange Stunden im Park, skizzierte die Welt um sie herum mit Bleistift und Papier, fing die Schönheit Dresdens in all ihrer Pracht ein.

Und während sie arbeitete, spürte Clara, wie sie mit jedem Strich ihres Bleistifts selbstbewusster wurde. Weg waren die Zweifel und Unsicherheiten, die sie so lange zurückgehalten hatten, ersetzt durch ein Gefühl von Zweck und Entschlossenheit, das in ihr hell loderte.

Eines Tages, als Clara im Park saß, vertieft in ihre Kunst, spürte sie eine Berührung auf ihrer Schulter. Erschrocken sah sie auf und erblickte Lina vor sich, ein Lächeln umspielte ihre Lippen.

"Ich habe dich beobachtet", sagte Lina, ihre Stimme sanft und ermutigend. "Du hast Talent, Clara, echtes Talent. Lass niemals zu, dass dir jemand etwas anderes sagt."

Überwältigt von Linas Worten spürte Clara Tränen in den Augenwinkeln aufsteigen. Hier war jemand, der an sie glaubte, jemand, der das Potenzial in ihr sah, das sie sich nie gewagt hatte, in sich selbst zu sehen.

Mit Linas Anleitung und Ermutigung blühten Claras künstlerische Fähigkeiten wie nie zuvor auf. Sie experimentierte mit neuen Techniken und Stilen, trieb sich zu neuen Höhen der Kreativität und Ausdruckskraft.

Und während sie ihre Kunst mit der Welt teilte, stellte Clara fest, dass ihre Träume endlich in greifbare Nähe rückten. Denn in der Stadt Dresden, wo die Elbe floss und die Sonne auf den Dächern tanzte, hatte Clara die wahre Kraft ihrer eigenen Vorstellungskraft entdeckt.

The Dresden Dreamer

In the picturesque city of Dresden, where the gentle flow of the Elbe River mirrored the soft hues of the sky above, there lived a young woman named Clara. Clara was a dreamer, her mind often lost in the pages of her favorite books or wandering through the winding streets of the city.

With her vibrant imagination and keen eye for beauty, Clara found inspiration in the smallest of things: the delicate petals of a blooming flower, the graceful arches of a historic bridge, the laughter of children playing in the park. To Clara, the world was a canvas waiting to be painted with the colors of her dreams.

But amidst the beauty of Dresden, Clara carried a secret longing in her heart. For as long as she could remember, she had dreamed of becoming an artist, of capturing the magic of the world around her with her own two hands. But her dreams had always seemed out of reach, overshadowed by doubts and insecurities that held her back from pursuing her passion.

One sunny afternoon, as Clara wandered through the city, she stumbled upon a quaint little art gallery tucked away in a quiet corner of Dresden. Intrigued, she stepped inside, her eyes widening with wonder at the sight before her.

The gallery was filled with paintings of every size and style, from bold abstracts to delicate watercolors. But it was the work of one particular artist that caught Clara's eye: a series of vibrant landscapes that seemed to leap off the canvas with life and energy.

Mesmerized by the beauty of the paintings, Clara approached the gallery owner, a kindly old man with a twinkle in his eye. "Who is the artist behind these paintings?" she asked, her voice filled with awe.

The gallery owner smiled warmly and gestured towards a corner of the room, where a young woman was putting the finishing touches on a new masterpiece. "That would be Lina," he said. "She's a local artist, and quite a talented one at that."

As Clara watched Lina work, a sense of admiration welled up inside her. Here was a woman who had dared to chase her dreams, who had turned her passion for art into a reality. And in that moment, Clara knew what she had to do.

Determined to follow in Lina's footsteps, Clara set out to pursue her own artistic ambitions with renewed vigor. She spent long hours in the park, sketching the world around her with pencil and paper, capturing the beauty of Dresden in all its glory.

And as she worked, Clara found herself growing more confident with each stroke of her pencil. Gone were the doubts and insecurities that had held her back for so long, replaced by a sense of purpose and determination that burned bright within her.

One day, as Clara sat in the park, lost in her art, she felt a tap on her shoulder. Startled, she looked up to see Lina standing before her, a smile playing at the corners of her lips.

"I've been watching you," Lina said, her voice soft and encouraging. "You have talent, Clara, real talent. Don't ever let anyone tell you otherwise."

Overwhelmed by Lina's words, Clara felt tears pricking at the corners of her eyes. Here was someone who believed in her, someone who saw the potential within her that she had never dared to see in herself.

With Lina's guidance and encouragement, Clara's artistic abilities blossomed like never before. She experimented with new techniques and styles, pushing herself to new heights of creativity and expression.

And as she shared her art with the world, Clara found that her dreams were finally within reach. For in the city of Dresden, where the Elbe River flowed and the sun danced upon the rooftops, Clara had discovered the true power of her own imagination.

Der Weg nach Berlin

Die Straße erstreckte sich vor mir, ein Band aus Asphalt, das sich durch die deutsche Landschaft wand. Der Himmel darüber war von einem brillanten Blauton, gespickt mit flauschigen weißen Wolken, die träge im Wind trieben. Ich atmete tief ein, die Luft war frisch und rein, und spürte den vertrauten Drang des Fernwehs, das an meiner Seele zog.

Ich war seit Tagen unterwegs, meine Reise führte mich von einem Ende Deutschlands zum anderen. Von den belebten Straßen Münchens zu den malerischen Dörfern des Schwarzwaldes hatte ich alles gesehen. Doch es gab ein Ziel, das noch immer nach mir rief, eine Stadt, die mit Versprechungen von Abenteuer und Aufregung lockte: Berlin.

Während ich fuhr, veränderte sich die Landschaft um mich herum, verwandelte sich von sanften Hügeln zu ausgedehnten grünen Feldern. Die Sonne brannte unerbittlich, warf lange Schatten über die Landschaft. Doch ich beachtete sie nicht, meine Augen fest auf den Horizont gerichtet, wo die imposanten Wolkenkratzer Berlins in der Ferne wie Wächter über die Geheimnisse der Stadt aufragten.

Als ich die Außenbezirke von Berlin erreichte, spürte ich eine Woge der Vorfreude durch meine Adern strömen. Die Stadt pulsierte vor Energie, ihre Straßen lebendig vom Trubel des täglichen Lebens. Ich ließ das Fenster meines Autos herunter, ließ die Geräusche und Gerüche der Stadt über mich hinwegspülen: das Hupen der Hörner, das Geplauder der Fußgänger, der Duft von Straßenessen in der Luft.

Ich navigierte mühelos durch das Straßengewirr, meine Instinkte führten mich zu meinem Ziel. Und dann, endlich, stand ich vor dem Brandenburger Tor, dessen imposante Struktur ein Symbol für die Widerstandsfähigkeit und Stärke der Stadt war.

Ich stieg aus meinem Auto und nahm mir einen Moment Zeit, um die Anblicke und Klänge Berlins aufzusaugen. Die Straßen waren voller

Leben, die Luft erfüllt vom Klang von Gelächter und Musik. Ein Lächeln breitete sich auf meinem Gesicht aus, ein Gefühl der Aufregung baute sich in mir auf.

Ich wanderte durch die Straßen der Stadt, meine Sinne lebendig von den Anblicken und Klängen Berlins. Ich passierte belebte Cafés und trendige Boutiquen, alte Kirchen und moderne Kunstgalerien. Überall, wo ich hinsah, gab es etwas Neues und Aufregendes zu entdecken.

Als die Nacht hereinbrach, fühlte ich mich vom lebendigen Nachtleben Berlins angezogen. Ich betrat eine schwach beleuchtete Bar, die Luft war schwer vom Geruch von Rauch und Alkohol. Die Musik dröhnte in meinen Ohren, der Bass hallte in meinen Knochen wider.

Ich bestellte mir ein Getränk und nahm an der Bar Platz, beobachtete, wie die Gäste um mich herum tanzten und lachten. Ein Gefühl der Freiheit überkam mich, ein Gefühl der Befreiung, das ich zuvor noch nie erlebt hatte.

Während ich dort saß, verloren in der Musik und im Moment, wusste ich, dass ich gefunden hatte, wonach ich die ganze Zeit gesucht hatte. Berlin war mehr als nur eine Stadt; es war ein Lebensgefühl, ein Ort, an dem alles möglich war und alles in Reichweite lag.

Und während ich die Nacht durchtanzte, mein Herz voller Freude und mein Geist in die Höhe schwebend, wusste ich, dass meine Reise noch lange nicht vorbei war. Denn die Straße erstreckte sich vor mir, schlängelte sich durch die deutsche Landschaft und darüber hinaus, lockte mich zu neuen Abenteuern und endlosen Möglichkeiten.

The Road to Berlin

The road stretched out before me, a ribbon of asphalt winding its way through the German countryside. The sky above was a brilliant shade of blue, dotted with fluffy white clouds that drifted lazily in the breeze. I took a deep breath, the air crisp and clean, and felt the familiar tug of wanderlust pulling at my soul.

I had been traveling for days, my journey taking me from one end of Germany to the other. From the bustling streets of Munich to the quaint villages of the Black Forest, I had seen it all. But there was one destination that still called to me, one city that beckoned with promises of adventure and excitement: Berlin.

As I drove, the scenery changed around me, morphing from rolling hills to sprawling fields of green. The sun beat down relentlessly, casting long shadows across the landscape. But I paid it no mind, my eyes fixed firmly on the horizon, where the towering skyscrapers of Berlin loomed in the distance like sentinels guarding the city's secrets.

As I approached the outskirts of Berlin, I felt a surge of anticipation course through my veins. The city pulsed with energy, its streets alive with the hustle and bustle of daily life. I rolled down the window of my car, letting the sounds and smells of the city wash over me: the honking of horns, the chatter of pedestrians, the aroma of street food wafting through the air.

I navigated the maze of streets with ease, my instincts guiding me towards my destination. And then, at long last, I found myself standing before the Brandenburg Gate, its imposing structure a symbol of the city's resilience and strength.

I stepped out of my car and took a moment to soak in the sights and sounds of Berlin. The streets were alive with activity, the air filled with the sound of laughter and music. I felt a smile spread across my face, a sense of excitement building within me.

I wandered through the city streets, my senses alive with the sights and sounds of Berlin. I passed bustling cafes and trendy boutiques, ancient churches and modern art galleries. Everywhere I looked, there was something new and exciting to discover.

As night fell, I found myself drawn to the vibrant nightlife of Berlin. I stepped into a dimly lit bar, the air thick with the scent of smoke and alcohol. The music throbbed in my ears, the bass reverberating through my bones.

I ordered a drink and took a seat at the bar, watching as the patrons danced and laughed around me. I felt a sense of freedom wash over me, a feeling of liberation that I had never experienced before.

As I sat there, lost in the music and the moment, I knew that I had found what I had been searching for all along. Berlin was more than just a city; it was a state of mind, a place where anything was possible and everything was within reach.

And as I danced the night away, my heart full of joy and my spirit soaring, I knew that my journey was far from over. For the road stretched out before me, winding its way through the German countryside and beyond, beckoning me to new adventures and endless possibilities.

Die Abenteuer von Whiskers der Katze

Es war einmal, in einem gemütlichen kleinen Dorf, das im Herzen Deutschlands eingebettet lag, lebte eine neugierige Katze namens Whiskers. Nun, Whiskers war keine gewöhnliche Katze. Während andere Katzen ihre Tage damit verbrachten, in der Sonne zu faulenzen oder am Kamin zu schlafen, war Whiskers immer auf der Suche nach Abenteuern.

An einem sonnigen Morgen, als Whiskers durch die Kopfsteinpflasterstraßen des Dorfes streifte, fiel seinem scharfen Blick etwas Seltsames auf. Es war ein leuchtend roter Ballon, der sanft im Wind schaukelte, sein Faden hinter ihm her wie ein Schwanz.

Intrigiert folgte Whiskers dem Ballon, während er durch das Dorf schwebte, sich seinen Weg zwischen Häusern und Bäumen bahnte. Er führte ihn zum Marktplatz, wo ein bunter Jahrmarkt in vollem Gange war, mit Fahrgeschäften, Spielen und Ständen, die allerlei Leckereien verkauften.

Whiskers hatte so etwas noch nie gesehen und konnte der Versuchung nicht widerstehen, zu erkunden. Mit einem Sprung sprang er auf das nächstgelegene Fahrgeschäft - eine sich drehende Teetasse - und hielt sich fest, als sie sich um sich selbst drehte.

Als die Fahrt endete, sprang Whiskers ab und stand einem freundlichen Clown gegenüber, dessen Gesicht in leuchtenden Farben bemalt war und dessen Nase mit einem großen roten Ball geschmückt war. Der Clown lächelte Whiskers warm an und bot ihm einen eigenen Ballon an.

"Möchtest du dem Jahrmarkt beitreten, kleine Katze?" fragte der Clown mit einer Stimme, die so fröhlich war wie eine Glöckchenmelodie.

Whiskers schnurrte vor Aufregung und nickte begeistert. Er nahm den Ballon in den Mund und folgte dem Clown, als dieser ihn durch den

Jahrmarkt führte, ihm die anderen Artisten vorstellte und ihm all die Wunder des Jahrmarkts zeigte.

Whiskers tanzte mit Akrobaten, jonglierte mit Clowns und versuchte sogar sein Pfötchen bei einem Ringwurfspiel. Er lachte und spielte, bis die Sonne begann, unterzugehen und den Himmel in rosa und orangefarbene Schattierungen tauchte.

Aber als der Jahrmarkt zu Ende ging und die Menschenmassen begannen zu zerstreuen, realisierte Whiskers, dass er verloren war. Er war weit vom Dorf entfernt gewandert und wusste nicht, wie er den Weg nach Hause finden sollte.

Ein Stich der Angst durchzuckte sein Herz, als Whiskers sich in die Nacht aufmachte, sein Ballon hinter ihm her schaukelnd wie ein Hoffnungszeichen. Er folgte den kurvigen Straßen und verschlungenen Pfaden, seine Augen weit vor Entschlossenheit.

Während er lief, durchquerte Whiskers Wälder und Felder, seine Pfoten wurden müde und sein Magen knurrte vor Hunger. Aber er kämpfte weiter, angetrieben von dem Gedanken, zur Sicherheit und Gemütlichkeit seines Zuhauses zurückzukehren.

Und dann, gerade als er dachte, er könne nicht mehr weiter, entdeckte Whiskers in der Ferne einen vertrauten Anblick: die funkelnden Lichter des Dorfes, die wie Sterne am Nachthimmel leuchteten.

Mit neuer Energie beschleunigte Whiskers sein Tempo, sein Herz schwoll vor Erleichterung, als er dem Dorf näher kam. Und als er die Kopfsteinpflasterstraßen erreichte, ließ er einen freudigen Miau von sich, dessen Stimme durch die Nacht hallte.

Denn Whiskers war endlich zu Hause angekommen, sein Abenteuer auf dem Jahrmarkt eine entfernte Erinnerung. Und als er sich am Kamin zusammenrollte, sein Ballon sicher neben ihm, wusste er, dass er egal wohin seine Abenteuer ihn führten, immer den Weg nach Hause finden würde.

The Adventures of Whiskers the Cat

Once upon a time, in a cozy little village nestled in the heart of Germany, there lived a curious cat named Whiskers. Now, Whiskers was no ordinary cat. While other cats spent their days lounging in the sun or napping by the fireplace, Whiskers was always on the lookout for adventure.

One sunny morning, as Whiskers prowled through the cobblestone streets of the village, his keen eyes caught sight of something strange. It was a bright red balloon, bobbing gently in the breeze, its string trailing behind it like a tail.

Intrigued, Whiskers followed the balloon as it floated through the village, weaving its way between houses and trees. It led him to the town square, where a colorful carnival was in full swing, with rides and games and stalls selling all manner of treats.

Whiskers had never seen anything like it before, and he couldn't resist the urge to explore. With a bound, he leaped onto the nearest ride—a spinning teacup—and held on tight as it whirled around and around.

As the ride came to a stop, Whiskers hopped off and found himself face to face with a friendly clown, his face painted in bright colors and his nose adorned with a big red ball. The clown smiled warmly at Whiskers and offered him a balloon of his own.

"Would you like to join the carnival, little cat?" the clown asked, his voice as merry as a jingle bell.

Whiskers purred with excitement and nodded eagerly. He took the balloon in his mouth and followed the clown as he led him through the carnival, introducing him to the other performers and showing him all the wonders of the fair.

Whiskers danced with acrobats, juggled with clowns, and even tried his paw at a game of ring toss. He laughed and played until the sun began to set, painting the sky in shades of pink and orange.

But as the carnival drew to a close and the crowds began to disperse, Whiskers realized that he was lost. He had wandered far from the village and had no idea how to find his way home.

Feeling a pang of fear in his heart, Whiskers set off into the night, his balloon bobbing behind him like a beacon of hope. He followed the winding roads and twisting paths, his eyes wide with determination.

As he walked, Whiskers passed through forests and fields, his paws growing tired and his stomach growling with hunger. But he pressed on, driven by the thought of returning to the safety and comfort of his home. And then, just when he thought he could go no further, Whiskers spotted a familiar sight in the distance: the twinkling lights of the village, shining like stars in the night sky.

With renewed energy, Whiskers quickened his pace, his heart swelling with relief as he neared the village. And as he reached the cobblestone streets, he let out a joyous meow, his voice echoing through the night.

For Whiskers had returned home at last, his adventure at the carnival a distant memory. And as he curled up by the fireplace, his balloon nestled safely beside him, he knew that no matter where his adventures took him, he would always find his way back home.